AF563713

LETTRE

A MES FRÈRES ET SŒURS,

SUR

LES DERNIERS MOMENS

DE NOTRE FRÈRE,

L'ABBÉ ANTOINE-FRANÇOIS MOLROGUIER,

PREMIER AUMONIER DU COLLÉGE ROYAL DE SAINT-LOUIS,

Par M. Jacques MOLROGUIER.

Rennes,

IMPRIMERIE DE A. MARTEVILLE, RUE ROYALE, N. 8.

—

1838.

Paris, le 16 décembre 1837.

MES CHERS FRÈRES ET MES CHÈRES SŒURS,

Depuis l'affreuse nouvelle que je vous ai annoncée, vous êtes sans doute dans une juste impatience de recevoir quelques détails sur les derniers momens de notre cher et malheureux François. C'est au chevet de son lit, veillant à ses côtés, que je vous écrivais, dans la nuit du lundi au mardi, cette lettre où je croyais n'avoir à vous entretenir que de la maladie de notre frère, lettre interrompue par les soins que je lui donnais dans cette nuit douloureuse, et que je fis partir telle quelle, quelques heures plus tard, après y avoir tracé deux lignes, pour vous instruire aussitôt de notre malheur. Depuis ce cruel moment, tout mon temps a été absorbé par le triste et dernier devoir qu'il me restait à accomplir envers ce corps dont l'esprit de vie s'était retiré, et qui fut notre frère. J'avais le cœur abîmé d'affliction et tout noyé de larmes. J'aurais voulu rester là, solitaire, et donner un libre cours à ma douleur; mais de pénibles soins me réclamaient, et mon amitié dut pourvoir à ce qu'il fût rendu des honneurs convenables à cette dépouille chère et vénérée. Pauvre François! Il n'y a pas huit jours encore qu'il me parlait de ses projets d'avenir, et qu'il me disait : « Je médite une grande entreprise dont nous causerons plus tard; » et voilà que maintenant il est couché au tombeau!.... Oh! que nous portons la vie dans des vases fragiles, et comme la mort se joue de nos projets et de nos espérances! Au moins, si j'avais pu prévoir une fin si prochaine, je ne l'aurais pas entouré de soins plus tendres et plus affectueux, ce cher frère; non! mais je ne l'aurais pas quitté depuis le commencement de sa maladie; je n'aurais pas fait, dans la dernière semaine de novembre, ce voyage au château de Mongermont; semaine dans laquelle il avait un si vif désir de me voir et de me parler, que, sachant que j'étais pour quelques jours à la campagne, il alla, tout faible et souffrant qu'il était, me chercher à Auteuil, où je n'étais pas. Avec quel religieux respect j'aurais recueilli de sa bouche ces secrètes pensées, ces épanchemens intimes, qu'il était si désireux de verser dans mon âme.

Je voudrais, chers frères et chères sœurs, afin de mêler quelque consolation à vos regrets, vous donner les détails de tout ce que mon amitié, aidée de l'amitié de notre bon Jean-Louis, a fait pour adoucir les derniers instans de notre pauvre François. Je voudrais vous raconter cette mort si chrétienne, et vous faire assister au spectacle déchirant de cette douce agonie, pendant laquelle ma main pressait sa main défaillante, ses yeux me parlaient au défaut de sa voix, et ses larmes se mêlaient aux miennes. Mais tout ému que je suis encore, et brisé sous le coup imprévu qui nous a frappés, aurai-je l'esprit assez libre pour recueillir et mettre en ordre ces précieux souvenirs, qui font toute ma consolation, puisqu'ils sont désormais seuls tout François pour moi.

Vers le milieu de novembre, pendant le court séjour que fit à Paris notre frère aîné, en revenant des élections, François fut atteint d'un rhume, indisposition si commune à l'entrée de l'hiver, si légère en elle-même, mais qui, rencontrant une nature déjà faible et épuisée, devait avoir une issue tant funeste. Ce rhume, considéré par lui et par nous comme sa principale maladie, en cachait une autre plus ancienne et bien plus redoutable. L'embarras de son estomac s'accroissait de jour en jour; ses digestions, que vous saviez être, depuis plusieurs années, si pénibles et laborieuses, devenaient de plus en plus difficiles. Tout ce qu'il mangeait lui faisait mal. Il s'imposa par suite une diète sévère, puis, de l'avis des médecins du collége, il se mit au lait d'ânesse, mais sans en éprouver aucun bon effet. Sa débilitation et sa maigreur s'augmentaient rapidement sous l'influence de la diète et du mal intérieur qui le minait.

Dès le dimanche 3 décembre, il était déjà bien malade, ce pauvre frère. Nous passâmes, Jean-Louis et moi, quelque temps près de lui; mais que nous étions loin de soupçonner toute la gravité de sa position! Nous l'engageâmes néanmoins à voir M. Chomel; ce médecin, l'un des plus justement célèbres de Paris, l'avait déjà, dans de précédentes maladies, traité avec succès; il lui témoignait une amitié bienveillante, il avait toute la confiance de notre frére, qui aimait en lui l'homme autant qu'il estimait le médecin. Mais François ne voulut pas encore. Il nous dit que depuis quinze ans il avait mené un régime de vie absurde; que définitivement il renonçait au chocolat, dont l'usage habituel lui avait tant fatigué l'estomac, ce sont ses expressions; qu'il lui fallait des soupes de purée, des bouillons; qu'il désirait essayer une huitaine de jours ce nouveau régime, et qu'il serait temps, après cet essai, d'appeler M. Chomel. Les jours suivans, son état me semblait s'améliorer, par cela seul qu'il n'empirait pas. Le mercredi 6, je restai long-temps avec lui ; il me parla de tout le tracas que lui avait donné cette dernière affaire que vous savez, et m'exprima le regret de n'avoir pas pris mon conseil avant de s'y engager. Il me parla aussi du projet de faire le voyage de Nice, aussitôt qu'il serait en état de supporter la voiture. Comment aurais-je pu penser qu'il était si près de mourir ! Chaque fois que je l'allais voir, il était levé, occupé à lire ou écrire, et vaquant à ses affaires comme à l'ordinaire, excepté qu'il ne sortait pas. Le vendredi 8, je le trouvai assis près du feu, dans son grand fauteuil, tenant ouverte entre ses mains une Bible hébraïque, et sur la table à côté de lui, les Sermons de Bossuet, l'Iliade grecque d'Homère et les Odes latines d'Horace. — La lecture de ces livres est une étude trop substantielle et trop forte pour toi dans ce moment ; malade et souffrant que tu es, au lieu de fatiguer ta pensée, que ne cherches-tu plutôt à la distraire, en feuilletant quelques ouvrages légers ? — Cela ne me fatigue pas, au contraire. Jamais je ne me suis senti l'esprit plus dispos, ni plus d'énergie dans la pensée. Je lis avec délices le texte hébreu de la Bible ; Homère et Horace me délassent. Que cet Horace est beau ! quelle grandeur dans Homère ! — Sa maladie ne paraissait encore sérieuse ni à lui ni à moi ; il croyait même être en voie de guérison. Ses crachats étaient doux et savonneux; je pensais et je lui dis que c'était un bon signe, et que son rhume prenait fin. Je dois vous dire, mes chers frères et mes chères sœurs, que déjà sa maigreur était excessive; mais que l'habitude de le voir à peu près ainsi depuis long-temps, m'ôta l'idée d'en concevoir des inquiétudes. Le samedi 9, les médecins du collége déclarèrent à François que sa maladie n'était pas un rhume, mais un catharre pulmonaire, ce qui commença à l'effrayer et nous aussi. Nous insistâmes, Jean-Louis et moi, pour que M. Chomel fût appelé sans retard, et nous manifestâmes le désir d'être présens tous deux à sa visite. Malheureusement cet habile médecin était à la campagne. Un mot d'écrit fut laissé à sa porte, avec prière de venir voir notre frère le lendemain, aussitôt qu'il serait de retour.

Le lendemain donc, dimanche 10 décembre, dès que j'eus conduit mes élèves chez leurs parens, je courus chez Jean-Louis, qui demeure, comme vous le savez, dans un hôtel, tout près du collége. Il était midi et demi. De peur de fatiguer François en le faisant parler, je lui écrivis un billet pour le prévenir qu'en attendant M. Chomel, je resterais là, chez Jean-Louis, à sa disposition, jusqu'à quatre heures et demie, et même plus tard, s'il le désirait. François était en ce moment occupé à t'écrire, à toi, mon cher Pierre, à toi dont il aimait les conseils paternels, et dont l'amitié indulgente lui était si douce; à toi, que dans ses notes privées, il ne désignait jamais qu'avec l'épithète grecque de ο ερασtός (l'aimable); et cette lettre, la dernière que sa main ait tracée, et dans laquelle il te marquait qu'il allait mieux, tu la recevais deux jours après, peut-être à l'heure même qu'il rendait le dernier soupir! Aussitôt qu'il eut terminé cette lettre, vers les deux heures, il m'envoya chercher. Nous demeurâmes ensemble jusqu'à neuf heures du soir, car il avait témoigné le désir de me voir rester à dîner chez lui, désir auquel j'avais accédé tout de suite pour lui faire plaisir.

Assis à côté de lui sur un canapé, je considérais avec effroi, et l'âme émue d'une pitié profonde, les ravages du mal. La maigreur de notre pauvre frère était extrême; sa faiblesse était telle, que je fus presque obligé de le porter quand il fallut passer dans la salle à manger. Peut-être vous raconterai-je un jour ce qui fut dit entre nous dans cette longue causerie, à laquelle présidait déjà la pensée de la mort, et dans laquelle je m'efforçais de le rassurer contre les terreurs si naturelles de ce passage redoutable, lui montrant ce que vingt ans de plus dans une vie avaient de peines, de chagrins, d'inquiétude, et, par dessus tout, de brièveté, fortifiant ses espérances d'une autre vie de toute la puissance de mes convictions. Je le quittai vers les neuf heures du soir, après avoir recueilli de sa bouche ces paroles touchantes qui me fendaient l'âme : Oh! que le bon Dieu m'a bien inspiré de te faire appeler! que tu m'as consolé! Si j'en reviens, tu resteras toujours mon ami. — J'eus le regret de ne pas voir M. Chomel; il n'arriva qu'après mon départ, et lorsque déjà on ne l'attendait plus.

Le lendemain, lundi 11, je revis François à neuf heures du matin; je le retrouvai dans le même état que la veille, et j'étais encore bien loin d'avoir donné accès dans mon âme à quelque crainte de mort. Il me raconta que vers les trois ou quatre heures du matin, il avait fait une selle qui l'avait beaucoup soulagé; je me croyais sauvé, me dit-il. Mais il était toujours d'une extrême faiblesse. Il paraissait contrarié; il reprochait à Louise de le faire souffrir en lui donnant à boire. Voyez, lui disait-il, faites comme mon frère Jacques. Il se plaignait aussi que les crachats ne venaient plus, circonstance à laquelle je ne pris pas garde, car j'ignorais alors sa fatale signification. Je m'en fus à dix heures et demie, et je le laissai avec Mme de Mahy, qui venait d'entrer, Mme de Mahy, dont la bonne amitié entoura de tendres soins les derniers instans de notre frère. Quand reviendras-tu, mon Jacques, me dit-il? — A trois heures, mon François, et même plus tôt, si tu le désires. — Non, mais pas plus tard, entends-tu? —

Je n'attendis pas cette heure. Je ne sais quel pressentiment terrible commençait à s'emparer de mon âme, et j'éprouvais un immense besoin d'être auprès de ce pauvre frère. Aussitôt que nous eûmes déjeuné, je m'acheminai avec mes élèves vers le collége Saint-Louis. Hélas! j'y allais pour me rassurer par la vue de François, contre les idées sombres qui étaient venues m'obséder depuis que je l'avais quitté, et ce fut alors que se fit à mes yeux épouvantés cette affreuse révélation de mort. Il était un peu plus de midi et demi. Je trouvai notre frère assis dans un fauteuil, les pieds devant le feu, et couvert de plusieurs habits. Il paraissait affaissé sous le poids du mal, et l'âme en proie à des réflexions lugubres. — Comment vas-tu, mon ami? — Et lui, sans sortir de son immobilité, sans pouvoir imprimer un mouvement à ce corps qui n'obéissait plus à sa volonté, mais levant vers moi des yeux pleins de tristesse : Je vais passer, me dit-il; on m'a caché mon état. — Vainement j'essayais de le rassurer et de ranimer dans son âme une espérance que je n'avais plus. Sa vue, sa parole m'avaient saisi d'un horrible serrement de cœur. Je sortis pour lui cacher les larmes et les sanglots que je ne pouvais plus contenir. Je priai sur-le-champ mes élèves de s'en retourner seuls, et je fis dire à Jean-Louis de courir avec son guide chez M. Chomel. Au bout d'une minute, j'étais rentré auprès de notre pauvre François, qui se mourait. Mon pouls ne bat plus, me dit-il. — Et moi, je sentais toutes les puissances de mon âme se briser de douleur; mais je compris vite que pour agir efficacement sur un moral aussi fortement ébranlé, il fallait être calme, ou du moins le paraître. Je pris sa main dans la mienne, et tout en cherchant les battemens plus qu'à demi éteints de son pouls, et que dans mon agitation je ne trouvais pas, je le rassurai peu à peu des yeux et de la voix. Je lui dis tout ce que ma raison d'accord avec ma tendresse put me suggérer de plus propre à faire diversion dans sa pensée, à écarter au moins pour un peu de temps encore cette image de la mort, qui se dressait devant lui menaçante et à l'improviste. Je craignais qu'une soudaine impression de terreur ne rompît dans un corps si faible le dernier ressort de l'existence; je craignais que mon amitié n'eût pas le temps de le familiariser graduellement avec l'idée de ce formidable passage, et de rendre ses dernières heures moins amères, en fortifiant son âme par les secours de la religion, et en ne lui laissant voir que les images douces et consolantes de l'immortalité dans une vie meilleure.

Déjà, en dehors de sa chambre, il se manifestait un empressement sinistre que je voulais lui cacher. A chaque fois qu'un désir de ce pauvre frère, ou qu'un ordre à donner à Louise m'obligeait de sortir, je trouvais là les religieuses de l'infirmerie, qui me disaient : Faites vite venir son confesseur, et qui me pressaient de lui signifier brusquement cet arrêt de mort. O vous, mes frères, et vous, mes sœurs, âmes chrétiennes, mais âmes tendres et compatissantes, que n'étiez-vous là pour m'aider à consoler notre frère mourant, et pour tempérer le zèle des bonnes religieuses! Non! mon affection pour François ne s'arrêtait pas sur la terre, et je n'avais pas besoin d'excitations étrangères pour accomplir ce devoir sacré; mais je voulais qu'on me laissât choisir le moment et la manière; je voulais que cet avertissement de mort, toujours si cruel à entendre, même aux plus forts et aux plus saints, s'insinuât doucement dans son âme par la voix de l'amitié. Mon vœu ne fut pas respecté. Depuis près d'une demi-heure que j'étais là, j'attendais avec impatience une gelée de lichen ordonnée par M. Chomel, et que j'avais envoyé querir chez le pharmacien. Cette gelée n'avait pas achevé de prendre quand on l'apporta, et par cette raison François refusait d'en goûter. Je pensai qu'en la soumettant à l'action de l'air froid, elle prendrait plus vite, et je fus aussitôt en exposer une petite cuillerée dehors, sur la fenêtre de la salle à manger.

Quand je rentrai, une des religieuses, qui sans doute avait épié le moment de ma sortie, était auprès de François ; elle se retira aussitôt, me fit appeler par Louise, et me dit qu'elle avait parlé à notre frère de faire venir son confesseur. Que te voulait-elle, mon Jacques ? me dit François en me voyant rentrer. — Elle voulait me dire que tu serais mieux dans ton lit. — Il me regarda, et me dit : Non ; elle t'a dit : Faites vite venir son confesseur. — Je crois qu'elle m'a dit aussi cela, mais j'y ai fait peu d'attention, parce que dans ce moment il ne faut t'occuper que de prendre ton lichen. Tu éprouves une grande faiblesse, ce n'est pas étonnant : as-tu pris la moindre nourriture depuis hier ? La gelée de lichen va te remettre et te rendre quelque force. Relativement à l'autre chose, c'est un point sur lequel nous n'avons pas besoin qu'on nous avertisse, il nous intéresse tous deux plus que personne. Nous verrons plus tard, nous en reparlerons tout à notre aise, quand nous reprendrons notre conversation d'hier. Pauvre et malheureux frère! Malheureux pour nous, car lui maintenant est au sein de l'éternelle félicité. Il m'avait la veille provoqué lui-même à l'entretenir des dernières fins de l'homme; il m'avait convié à une conférence intime, en me rappelant l'étroite sympathie qui existait entre son âme et mon âme, sympathie, me disait-il, qu'il n'avait jamais rencontrée nulle part aussi entière et profonde; et cependant, depuis quelques années, avait-il ajouté...... Et nous avions pleuré tous deux, et nous avions effacé par nos larmes un souvenir pénible. Il m'avait ouvert sans réserve la vie intérieure de son âme, cette vie que ne peuvent comprendre que ceux qui la vivent, vie toute cachée, mais qui a aussi son soleil et ses nuages, ses joies et ses misères. C'est comme à un confesseur que je te parle, me disait-il. Et là, sans plus jeter un regard à ce monde qu'il allait quitter, nous avions conversé de l'éternité pendant plusieurs heures, des saintes et consolantes doctrines du christianisme, de l'immortalité de l'âme, et des espérances de la vie future. Oh! comme le désir de vivre par-delà la tombe était profondément incrusté dans cette nature qui allait se dissoudre! Oh! comme ses yeux s'animaient et brillaient de plaisir, quand je l'entretenais de mon immense espoir de retrouver un jour dans le ciel tant de personnes qui nous furent chères et qui manquent à notre bonheur, mon père, ma mère, Eulalie notre sœur et notre frère Henri !....... Nous continuerons demain, m'avait-il dit, quand je le quittai vers les neuf heures du soir ; j'ai encore bien des choses à te dire ; et voilà que le lendemain la mort venait s'interposer entre lui et moi ! Cher François ! mon frère ! je te retrouverai un jour, et nous achèverons au ciel cette conversation qui n'a pas eu de lendemain ici-bas !

La position de notre pauvre frère était désespérée, mais la crise où je l'avais vu en entrant n'empirait pas. Son moral si péniblement affecté s'était un peu raffermi, et la gelée de lichen que je lui faisais prendre par petites cuillerées et à courts intervalles soutenait sa défaillance. Alors je ne songeai plus qu'à l'aider à mourir. Pauvre frère ! combien mon amitié désirait lui épargner les terreurs de la mort, à lui de tout temps si délicat, alors si faible, et que vous avez toujours connu si craintif ! Déjà, la veille, sans me douter que l'heure fatale fût si proche, mais dans la prévoyance vague d'un grand malheur, et aussi par la conviction de mon âme, je m'étais attaché à le persuader que cette vie si frêle, si courte et remplie de tant de misères, ne valait pas un regret. Je l'avais rappelé à la méditation, pour son propre compte, de ces vérités saintes qu'il connaissait mieux que moi, qu'il avait lui-même, digne prêtre de Jésus-Christ, portées consolantes près du lit des mourans, et que du haut de la chaire il avait annoncées aux autres tant de fois et avec tant d'éloquence. Déjà donc l'œuvre de l'amitié était commencée, il fallait la poursuivre, et je me voyais réduit à la triste nécessité de n'avoir plus rien à demander à Dieu, sinon le temps de l'achever.

Quand donc je vis nôtre frère plus calme et un peu moins souffrant, je m'assis près de lui, et pressant affectueusement sa main : Vois, mon ami, comme ton esprit est porté à l'exagération; ne te croyais-tu pas tout à l'heure à l'extrémité? Ne me disais-tu pas que ton pouls ne battait plus? — Alors appelant à mon aide toutes les raisons capables de lui faire envisager sa position de sang-froid, je lui disais que la mort ne pouvait effrayer que des esprits irréfléchis et des consciences moins droites que la sienne. Laisse, mon cher François, laisse la crainte à celui qui, dans le cours de son exil ici-bas, ne leva jamais ses yeux et son cœur vers le soleil de l'immortelle patrie; que celui-là se trouble à l'aspect de la mort, et se rejette épouvanté en arrière; je le conçois : c'est la conséquence inévitable et nécessaire de son erreur. Mais nous, mon ami, nous qui sommes les enfans de la foi, nous qui avons dès le berceau marché à la lumière de Jésus-Christ et vécu de ses promesses, nous qui attendons un avenir réparateur, quel motif aurions-nous de craindre? La mort doit nous apparaître douce et riante, comme le rivage aux navigateurs battus de la tempête. C'est le repos après la perturbation; c'est la joie après la douleur; c'est l'aurore après la nuit; c'est le trophée où sont appendus les prix de la victoire.

Souviens-toi, à ce moment, que tout ce qu'il y a eu d'hommes éclairés et vertueux, qui ont passé sur la terre, l'ont acceptée avec amour, et salué sa bienvenue comme une heureuse transition à de meilleures destinées. Sans doute la mort a cela de pénible qu'elle nous sépare de nos amis et de nos proches; mais cette séparation n'est que momentanée, et l'idée de se revoir bientôt tempère l'amertume de l'absence. Mais encore à cette légère peine, quelle immense compensation! Combien douce et consolante! N'est-ce pas elle qui nous réunit pour toujours à d'autres personnes également aimées et parties les premières, un père, une mère, un oncle, objets de tant d'affection et de si vifs regrets? N'est-ce pas elle qui nous ouvre l'entrée du bonheur dans la cité permanente, où l'on voit Dieu face à face, où l'on jouit de l'auguste compagnie des

Saints, et où il n'y a plus de souffrances corporelles, plus de nuit dans l'intelligence? Oui, mon François, que le jour de ta délivrance soit venu, ce qui est incertain et entre les mains de Dieu, ou que tu sois condamné à souffrir encore sur cette terre de larmes et d'expiation, il suffit que l'image de la mort te soit apparue, pour que ta pensée doive se tourner sérieusement vers l'éternité. Le service que j'attendrais de ton amitié en pareille circonstance, je dois te le rendre, moi ton frère, ton meilleur ami. Je ne sais ce que Dieu décidera de ta vie, mais ta position est grave. Ce que tu ferais, si tu avais la certitude de mourir avant la fin du jour, il le faut faire à cette heure même. Demande sans retard à l'église ses ineffables secours; que la religion vienne ici près de toi verser son baume sur tes peines, fortifier ton courage et montrer à ton âme consolée la route du ciel.

Je lui parlais maintenant sans détour et avec une simplicité calme, qui me parut à la fois le surprendre et lui faire plaisir; c'est à ce double sentiment que j'attribue le sourire qu'il avait sur les lèvres en m'écoutant. Lui tenir un tel langage, ce n'était qu'anticiper sur son propre désir; aussi je n'avais pas achevé, qu'il me répondait, oui, mais tout de suite, tout de suite. Son confesseur ordinaire demeurait très-loin; s. i malheureusement je ne le rencontrais pas chez lui, j'allais perdre un temps précieux, irréparable peut-être : je dus chercher dans mon voisinage des secours plus prompts. Ma pensée s'arrêta sur deux prêtres éminens du clergé de Paris, en qui je savais de grandes lumières, une charité tendre, et que moi, à ma dernière heure, j'aurais appelés de préférence à tous autres. Vous les connaissez tous deux, mes chers frères et mes chères sœurs ; l'un est M. Frère, notre ancien supérieur de Saint-Nicolas ; l'autre est l'abbé Dupanloup, actuellement supérieur de Saint-Nicolas et vicaire général de Paris, mon condisciple et mon ami ; le premier, qui avait été le maître de François, le second, qui avait été son camarade, son ami, et qui l'était encore. Persuadé que tous deux également donneraient à son âme, en ce moment solennel, une sainte et puissante assistance, je le priai de me désigner celui que je devais appeler. — Choisis pour moi, mon Jacques ; je verrai avec plaisir l'un ou l'autre. — J'insistai pour que le choix vînt de lui, ce qui amena entre nous un pieux débat sur ces deux vénérables prêtres. Pauvre frère ! il ne craignait plus maintenant de regarder la mort en face. Dans quelques heures il allait cesser de vivre sur la terre, il le savait, et nous étions arrivés à en causer comme d'une chose ordinaire, comme s'il se fût agi d'un autre que lui! Il choisissait avec calme, avec réflexion, le ministre du seigneur dans le sein duquel il voulait déposer les derniers scrupules d'une conscience si droite. Après quelques minutes il fut décidé, et me désigna l'abbé Dupanloup. Je me levai aussitôt pour aller chercher le prêtre de son choix. — Mets toute ta confiance en Dieu, mon cher François; ouvre à son digne ministre ton âme sans réserve. — Sois tranquille, mon Jacques; mais qu'il vienne, c'est pressé.

Il était deux heures et demie. Je courus au séminaire; l'abbé Dupanloup n'y était pas. Je fus le chercher au conseil de l'archevêque, où j'appris qu'il devait se rendre. Je l'attendis impatiemment quelque temps, et, dès qu'il parut, me précipitant vers lui, venez, mon ami, lui dis-je en sanglottant, mon pauvre frère se meurt, venez lui ouvrir le ciel; ah! consolez-le, rendez-lui la mort douce. Saint prêtre selon le cœur de Dieu! Avec quel empressement il a tout quitté pour me suivre! Comme il a compâti à mes pleurs et à ma prière! Comme il a rempli tout ce que je me promettais de son amitié généreuse, tout ce que j'attendais de sa charité pleine de foi, de zèle et de dévoûment! Depuis trois heures et demie il demeura enfermé avec notre frère jusque vers cinq heures. Il sortit alors et m'engagea à faire coucher François, par le motif qu'il serait mieux au lit que sur un fauteuil, ce qui était vrai ; aussi l'avais-je déjà proposé, soit avant d'aller chercher le prêtre, soit quand je l'amenai; mais François n'avait pas voulu. — Non, mon Jacques, m'avait-il dit, ça me révolutionnerait. — Cette fois il y consentit. Je le déshabillai avec Louise, et je le portai dans ce lit d'où il ne devait plus se relever. O mes frères! ô mes sœurs! quelle indicible tristesse était la mienne! Quelles déchirures je sentais dans mon âme, en voyant, en touchant ce corps tombé dans le dernier degré de maigreur, de faiblesse et d'épuisement! Et pourtant la pensée n'avait rien perdu de son énergie; il comprenait la gravité de sa position, et il était calme; il était, je puis dire, sans crainte, ou, s'il en avait une, ce n'était pas de mourir; non! mais de ne pas bien mourir. La gelée de lichen dont je lui faisais prendre de temps à autre une petite cuillerée, était la seule chose qui soutenait un reste de vie qu'il sentait lui échapper. Il savait que la préparation de cette gelée demande plusieurs heures; avec quelle instance il me recommanda de veiller à ce qu'il n'en manquât pas; que j'en aie assez, me disait-il, assez pour que je puisse terminer avec Dieu.

Pendant ce temps, l'abbé Dupanloup était au salon,

récitant son chapelet, et priant pour le pauvre malade. Vers les six heures, il s'enferma de nouveau avec François. Il sortit à sept heures et demie, et venant à moi : « Mon ami, me dit-il, je ne m'en irai pas que je n'aie donné à votre frère l'extrême-onction et la communion. Je vais faire appeler le second aumônier du collége, et le prier d'apporter de la chapelle tout ce qui est nécessaire à l'administration des sacremens. » François nous indiqua lui-même à quelle place, dans sa bibliothèque, nous trouverions le livre spécial des prières usitées en pareille circonstance. Son visage était calme et serein; sa pensée ne voyait plus la mort, elle regardait au-delà. Il faisait ses préparatifs de départ de cette vie, comme on se préparerait à un voyage vers une terre lointaine, mais désirée, et au milieu de soins si graves, il était doux et bienveillant à ceux qui l'approchaient. Il s'occupait avec intérêt du souper de l'abbé Dupanloup : « Il y a là un bon poulet, me disait-il; il faut le lui faire manger. »

Le bon Jean-Louis, qui était allé chercher le médecin pendant que j'allais appeler le prêtre, était là depuis long-temps; il adressait à François et recevait de lui des paroles affectueuses; il s'impatientait avec moi de ne point voir arriver M. Chomel. Rencontré chez lui au moment de monter en voiture, ce médecin avait promis de venir au plus tôt; ce ne fut que vers les huit heures. Il s'approcha de notre pauvre frère, qui lui disait avec calme et résignation : « Mon bon monsieur Chomel, c'est fini. — Plus de crachats.... — Mais mon sacrifice est fait. — Je viens de demeurer plusieurs heures avec un saint prêtre. — Je prierai bien le bon Dieu pour vous. » M. Chomel lui répondait avec intérêt et bienveillance; mais en vain voulait-il dissimuler la grandeur et l'imminence du péril, en vain essayait-il de rattacher encore ses espérances à la terre; les jours d'illusion étaient passés, et rien ne pouvait les faire revenir, ni les douces paroles du médecin, ni son sourire amical, ni son visage exempt d'inquiétude. François ne croyait plus à la vie; et lui néanmoins, lui que le plus petit danger intimidait alors qu'il était en pleine santé, maintenant il était calme, il était fort en face du plus grand danger de la nature mortelle. Mais ce calme, cette force, ne découlaient pas d'une source terrestre : son âme les puisait à des espérances plus hautes, et dans la foi de l'immortalité. S'il nous était resté quelques lueurs d'espoir, à Jean-Louis et à moi, la visite de M. Chomel les fit évanouir. En partant, ce médecin nous déclara que le mal était à son dernier période, et que notre pauvre frère ne passerait peut-être pas la nuit. Je ne vous dirai pas les tourmens de mon âme dans cette cruelle position. François était là; mes yeux le voyaient, mes mains le touchaient; j'entendais sa voix tant connue; son intelligence communiquait à la mienne, et je savais que bientôt,... dans quelques heures,.... plus rien.

Il était neuf heures. L'abbé Sabatier venait d'apporter de la chapelle du collége les Saintes Huiles et le Saint-Ciboire; la table qui allait servir d'autel était dressée et parée; notre frère était prêt : les deux prêtres procédèrent à l'administration des derniers sacremens. O mes chers frères, et vous, mes chères sœurs, que n'étiez-vous là! Oui, vous auriez éprouvé des émotions cruelles et déchirantes; mais aussi de saintes, d'ineffables consolations, seraient descendues dans vos cœurs! Pour moi, je n'oublierai jamais ce moment solennel! Non, jamais il ne s'effacera de ma mémoire, le spectacle attendrissant d'un frère s'en allant mourir avec tant de calme et de dignité! Pauvre François! au moins ses yeux, près de s'éteindre, pouvaient apercevoir alentour de son lit de mort des personnes qui lui étaient chères. Ni le sang, ni l'amitié, n'avaient failli à ses derniers instans : dans cette chambre où il allait mourir, outre l'abbé Dupanloup et l'abbé Sabatier qui l'assistait, et les deux religieuses de l'infirmerie, il y avait là, à genoux, et fondant en larmes, notre cher et bon frère Jean-Louis, oubliant son propre malheur devant un malheur plus grand; et cette bonne Mme de Mahy, dont l'attachement pour notre frère m'a vivement ému; puis une sainte fille venue avec Mme de Mahy, et dont les vertus avaient inspiré un vif intérêt à ce cher François; et Louise, sa domestique, et sa vieille Nanette, et une autre brave femme que j'avais fait venir pour veiller avec moi.

Comment vous exprimer tout ce qu'elle eut de lamentable et d'auguste cette lugubre cérémonie, qui était pour nous l'annonce d'une immense perte et d'une éternelle douleur! Comment vous représenter votre pauvre frère et le mien, conservant toute son intelligence dans un corps déjà vaincu par la mort, commentant à haute voix les paroles sacrées que récitait le prêtre, et nous arrachant des larmes à tous par son calme, sa foi, sa résignation!..... A ce nom des litanies, *sancta Thecla*, oh! dit-il, avec attendrissement, sainte Thècle, martyre, qui a tant souffert! Et ces paroles voulaient dire, dans sa bouche, oui, invoquez pour moi cette sainte martyre, sa sympathie doit m'être acquise, car moi aussi j'ai beaucoup souffert. A cet autre nom, *sancte Francisce*, quel est ce saint François? Est-ce mon bon patron, saint François de Sales? — Oui, mon ami, répondit l'abbé Dupanloup, en reprenant aussitôt avec cette correction : *Sancte Francisce Salesii.* Quand, plus loin, le prêtre continuant les litanies, prononça ces mots, *à Spiritu superbiæ* (de l'esprit d'orgueil, délivrez-le, Seigneur), il s'écria avec l'accent d'une soumission douce et résignée : Oh ! il n'y en a plus, c'est fini. Et plus tard encore, au moment de recevoir la sainte Communion, quand le prêtre portant entre ses mains le Saint-Ciboire, se mit à réciter le chant du triomphe, le *Te Deum*, — Ah ! s'écria-t-il avec enthousiasme, et la joie descendit dans son âme, et je crus la voir rayonner sur son visage. Non, la mort n'avait plus rien d'amer pour lui; il ne la considérait plus comme la défaite de la nature humaine, mais plutôt comme son triomphe; et à ce cri de joie que lui arrachèrent les premiers mots du *Te Deum*, il me sembla qu'il faisait effort pour rompre les derniers liens de son âme, et s'élancer vers la couronne de gloire que déjà ses regards apercevaient dans les cieux entr'ouverts.

La mission du prêtre venait de finir (dix heures et demie). Le bon Dieu avait exaucé le vœu de François. Il avait laissé à son âme le libre et plein exercice de ses facultés, et, aussi long-temps qu'il l'avait fallu pour le préparer à paraître devant lui pur et sans tache, il avait arrêté le bras de l'ange de la mort.

Maintenant qu'il n'avait plus rien à demander à la terre, il allait partir, il allait achever de s'éteindre lentement et sans trop souffrir. Les personnes qui tout-à-l'heure avaient pleuré et prié autour de son lit de douleur, le saluèrent pour la dernière fois, et se retirèrent le cœur tout plein des émotions qu'elles avaient puisées à cette triste mais consolante cérémonie. Avant son départ, je conduisis Jean-Louis, tout en pleurs, près de son frère mourant; je mis l'une dans l'autre leurs mains qui se cherchaient : — Adieu, François ! — Adieu, mon bon Jean-Louis ! — C'était entre les deux frères un éternel adieu ! Puis je confiai le pauvre aveugle à Mme de Mahy, qui s'offrit obligeamment de le ramener à son hôtel; et moi, je demeurai dans cette chambre en deuil, pleurant déjà l'ami de mon enfance, le compagnon des études de ma jeunesse, le confident des soucis de mon âge mûr, et n'espérant plus par mes soins que soulager sa dernière peine.

Quelle nuit, mes chers frères et mes chères sœurs, quelle douloureuse nuit je passai là, à ses côtés, prêtant l'oreille à son souffle, et tremblant à chaque minute de ne plus rien entendre ! L'effort que François avait fait pour soutenir son attention, soit dans ses conférences particulières avec le prêtre, soit aux cérémonies qui en avaient été la suite, avait épuisé le peu qui lui restait de forces. Dès ce moment il n'y eut plus de causeries entre nous, il ne le pouvait plus. Dans la crainte d'ajouter à sa fatigue, je m'abstenais de le faire parler et de lui parler moi-même. Combien je souhaitais qu'il pût dormir! J'espérais que le sommeil apporterait quelque mieux dans son état, ou du moins assoupirait ses souffrances. Mais il était affaissé et ne dormait pas. C'est la première nuit que je ne dors pas, me disait-il; et fatigué qu'il était d'être toujours couché sur le dos, il me priait de le mettre dans une autre position, ce qui exigeait des peines infinies. Il fallait changer tous les membres de place individuellement, car celui qu'on ne touchait pas ne suivait pas le reste du corps et demeurait là. Oh! la tête sur-tout! Combien cette tête, où siégeait vivante encore l'intelligence, pesait sur ses épaules! Plusieurs fois, pendant la nuit, il éprouva un besoin d'aller à la selle, mais il ne put venir à bout de le satisfaire. M. Chomel avait prescrit de lui donner alternativement, toutes les demi-heures, une petite cuillerée de gelée de lichen, et une cuillerée ordinaire de décoction blanche. Vers la fin de la nuit, il se plaignit que cette gelée avait été mal faite, et qu'il s'y trouvait de petits morceaux de lichen que lui ne pouvait avaler. Je le crus moi-même en le voyant chercher avec sa langue et rejeter hors de sa bouche ces bribes, qui ne pouvaient passer; aussi, quand le matin je sortis, j'allai en faire reproche au pharmacien, et lui recommander d'en préparer avec plus de soins une autre. J'ai su depuis que la gelée n'y était pour rien, c'était le mal qui empirait. Sur les huit heures, il parut céder à la fatigue et s'endormir. Et moi, qui ne pouvais me faire à l'idée de cette cruelle séparation, déjà j'en augurais bien. J'espérais contre toute espérance, et malgré l'arrêt des médecins, je le croyais presque sauvé, parce qu'il n'avait pas succombé pendant la nuit. Perfide assoupissement, qui me trompa! Je voulus profiter de ce que je pensais être un sommeil réparateur et bienfaisant, pour aller voir ce que devenaient mes élèves, que j'avais la veille, à midi et demi, renvoyés seuls, sans avoir seulement songé à prévenir leurs parens, absorbé que j'étais par la douleur et par les soins que je devais à notre pauvre frère. Je m'arrêtai en chemin pour dire à Jean-Louis ce que j'espérais encore après une nuit qui, au sommeil près, n'avait été marquée par aucun accident fâcheux. Aussitôt arrivé chez moi, j'envoyai une de nos domestiques au collége Saint-Louis, afin d'être, pendant ma courte absence, continuellement au courant des nouvelles de François.

Quand j'y revins moi-même vers les dix heures et demie, notre pauvre frère était à la dernière extrémité. Il ne parlait plus, il ne disait plus ces quelques mots rares, mais qui au moins, durant la nuit, attestaient de son existence. En vain je l'appelais, François ! mon ami ! mon frère ! Sa bouche ne pouvait plus s'ouvrir; de légers mouvemens de tête m'avertissaient seuls que l'intelligence était encore là. Bientôt les dents se serrèrent fortement, et tous nos efforts pour introduire entre ses lèvres quelques gouttes de décoction blanche, furent inutiles. Que faire, mon Dieu! C'en était fait. Il allait m'échapper ce frère si cher, l'ami de mon enfance et de ma jeunesse, le compagnon de toute ma vie. J'aurais voulu lutter contre l'ennemi invisible qui le saisissait, et je ne savais où me prendre, et je ne trouvais en moi que le désespoir de l'impuissance. Pendant que j'étais là, debout, livré à ces désolantes réflexions, contemplant dans une muette douleur ce visage encore tout empreint de calme et de sérénité, l'abbé Sabatier en surplis, et que je n'avais pas encore aperçu, vint se mettre à genoux à côté de moi, et commençait à réciter les prières des agonisans. Je l'arrêtai au premier mot, je lui dis qu'il n'était pas temps. Comme il se retirait devant ma douleur, m'étant retourné et demandant notre frère Jean-Louis, que je ne voyais pas là, il m'offrit lui-même de l'aller chercher, et je le priai de l'amener en toute hâte. Non, mes chers frères et mes chères sœurs, non, il n'était pas temps. Jamais je n'avais vu mourir, mais quelque chose me disait que le dernier combat entre la vie et la mort n'avait pas ces traits sereins, ce regard tranquille que je voyais encore à notre pauvre François. Et puis, moi aussi, moi son ami, son frère, je méditais d'aider son âme en peine à sortir doucement du corps; j'avais à lui faire entendre encore une fois ma voix connue; je voulais l'entourer à sa dernière heure des souvenirs de tous les siens, et de ceux qui allaient le perdre et de ceux qui allaient le retrouver. Midi et demi.

Bientôt je compris que le moment des dernières paroles et du dernier adieu était venu. Je me jetai à genoux, et me penchant sur son lit, j'approchai ma tête de sa tête, je regardai avec attendrissement ses yeux qui me regardaient : François! François! C'est moi, ton frère Jacques, m'entends-tu? Et il fit un mouvement des cils, qui me laissa persuadé qu'il m'avait entendu et qu'il me comprenait. Je lui pris cette main qui ne remuait plus et se couvrait d'une tiède sueur; je la pressai avec effusion, et il me répondit par un sourire affectueux. Alors, je ne pus retenir mes larmes ni mes sanglots; je lui dis le dernier adieu, je lui parlai de cette immortalité dont il allait prendre possession, et qui seule était digne de sa noble intelligence, de Dieu qu'il allait voir face à face, de ces grandes vérités qu'il aimait tant, et dont il allait avoir la révélation complète. Je le priai de se souvenir de moi et de nous tous ses frères et sœurs, qu'il laissait derrière lui dans la région des larmes, et qui bientôt irions le rejoindre. Je lui nommai notre bon père qu'il allait revoir au Ciel, et notre mère, et Eulalie et Henri....... Je pleurais en lui disant ces choses, et je vis que lui aussi était ému, une grosse larme descendait lentement sur sa joue. On m'avait remis, un instant auparavant, une lettre adressée à ce pauvre frère, et que je reconnus à l'écriture pour être de notre sœur Marguerite; je la pris alors, et mettant l'adresse devant ses yeux : Tiens, mon ami, vois, reconnais l'écriture, c'est une lettre de tes sœurs qui t'aiment et qui t'envoient leurs adieux...... Tout à coup, quelque chose d'inaccoutumé parut dans ses yeux et sur son visage (près de une heure). Je compris que le sacrifice allait s'accomplir. Je me retournai, je vis près de moi la sainte amitié tout en pleurs sous les traits de Mme de Mahy, je fis signe à l'abbé Sabatier qu'il était temps, et la prière pour le mourant commença. Au bout de quelques minutes arriva l'abbé Dupanloup, que j'avais envoyé chercher à la hâte. La prière fut interrompue, et lui, s'approchant du lit funèbre, et se baissant vers notre frère, lui disait : M'entendez-vous ? C'est moi, votre ami, Dupanloup. — Et nous reconnûmes manifestement, à l'effort que fit sa tête pour se soulever, qu'il entendait encore et qu'il comprenait. Alors le saint prêtre fit baiser à ses lèvres le crucifix, et lui donna encore une fois l'absolution, et quelques minutes après, nous n'avions plus sur la terre de frère du nom de François; sa belle âme venait de remonter au Ciel.

Un triste et dernier devoir me restait à accomplir. Il fallait pourvoir à ce que la dépouille mortelle qu'il avait laissée sur la terre fût ensevelie avec honneur. Notre frère étant mort dans l'exercice de ses fonctions de premier aumônier du collége royal de Saint-Louis, où sa jurisdiction était indépendante de la jurisdiction paroissiale, je pensai que le service funèbre devait se faire, non pas à l'église de Saint-Sulpice, mais dans la chapelle même du collége. Ce ne fut que le lendemain mercredi vers les deux heures, après beaucoup de pourparlers, et après qu'il en eut été référé à Mgr l'Archevêque de Paris et au Ministre de l'instruction publique, qu'il intervint une décision conforme à mon vœu. Le jeudi 14, avant la cérémonie religieuse, je voulus m'assurer encore que tout était bien consommé, et qu'il ne restait plus la moindre parcelle de vie à ce corps vénérable qui allait descendre dans la tombe; j'amenai un médecin qui lui fendit le talon. Je fis aussi prendre son masque en plâtre, afin de conserver au moins l'image de ce frère, que nos yeux ne devaient plus voir. A dix heures et demie, dans la chapelle du collége, et à ce même autel où tant de fois François avait offert le Saint Sacrifice, une messe solennelle fut célébrée, en présence de son corps et pour le repos de son âme, par l'abbé Jammes, vicaire-général de Paris, l'un de nos anciens amis. Les autres fonctions sacerdotales étaient remplies par des prêtres liés d'amitié avec notre frère. Le curé de Saint-Sulpice, M. Collin, son condisciple, et le second aumônier du collége, l'abbé Sabatier, assistaient à la cérémonie, tous deux en étole. Tous les élèves réunis se faisaient remarquer par un recueillement qui attestait de leur affection et de leurs regrets. J'avais près de moi notre frère Jean-Louis, et quelques amis communs, convoqués à la hâte, le mercredi soir, dans les courts instans que m'avait laissés le soin de régler ces tristes funérailles. Après le service, et quelques paroles appropriées à la circonstance, prononcées par l'abbé Jammes, je conduisis le corps de notre frère à sa dernière demeure. J'ai acheté le terrain où François a été enseveli, et je vais y faire placer une pierre funéraire, afin que vous ayez la consolation d'aller prier sur sa tombe, quand vous viendrez à Paris. Vous saurez gré à mon amitié, chers frères et chères sœurs, de tout ce que j'ai fait pour honorer la mémoire d'un frère bien aimé, et pour en perpétuer le souvenir.

Hélas! que la vie tient peu! qu'elle est pleine d'amertumes! comme à chaque pas de cette course rapide et tant difficile, tombent autour de nous les têtes les plus chères! A peine quelques années se sont écoulées, et déjà nous pleurons sur la moitié de notre famille! Nos yeux cherchent et ne voient plus cette mère dont la haute raison égalait la tendresse; ce père, le modèle des pères, qui était pour nous l'image personnifiée du travail et de la vertu; et notre sœur Eulalie et notre frère Henri, tous deux remarquables par les éminentes qualités du cœur, et tous deux disparus avant le temps. Hier, c'est un oncle illustre qui nous échappe, un oncle vénéré à l'égal d'un père, et dont l'affectueuse sollicitude voulait nous frayer à chacun dans le monde un chemin riant et facile. Aujourd'hui, c'est François qui s'en va..... Pleurons-le, mes très-chers frères et mes très-chères sœurs, pleurons le frère enlevé trop tôt à notre amour, et qui nous était cher à tant de titres; pleurons l'homme de talent, pleurons le digne prêtre, pleurons l'ami qui devait nous consoler dans nos peines et nous soutenir dans les traverses de la vie. Mais ne nous arrêtons pas à de stériles regrets; que notre amitié suive encore au-delà du tombeau le frère que nous aimions. François est mort de la mort du juste, et sans doute il a reçu déjà la récompense de ses vertus. Que si, cependant, l'imperfection de la nature humaine avait laissé quelque tache à cette âme si pure, si généreuse, si franchement dévouée au bien, nous achèverons l'expiation par nos prières et nos bonnes œuvres, et nous hâterons pour François le moment de la félicité.

Maintenant, mes très-chers frères et mes très-chères sœurs, maintenant que nous avons un frère de moins sur la terre, et qu'il s'est fait un si grand vide dans notre famille, resserrons entre nous les liens du sang et de l'amitié. Que notre affection mutuelle se ranime et s'accroisse à mesure que la mort dégarnit nos rangs. Notre frère est dans le Ciel, j'en ai la douce confiance. Au sein du bonheur où son âme réside, il s'entretient avec nos bons parens de nous tous ses plus chers amis. Il prie Dieu pour nous, il lui demande d'adoucir notre passage dans cette vallée de larmes, et de fortifier en nous les saintes affections du cœur qui ne meurent pas. Encore un peu de temps, et nous aussi il nous faudra partir. En attendant ce moment, qui nous réunira tous dans une vie meilleure, consolons-nous par la pensée que François était en proie à des souffrances continuelles sur la terre, et que maintenant il est en possession du bonheur. Et nous, membres affligés d'une famille où les affections sont si profondes, aimons-nous, mes chers frères, aimons-nous, mes chères sœurs. Ce sont les sentimens de l'âme qui font le charme de la vie; c'est du cœur, du cœur seul que découle le peu de bien-être que l'on peut goûter sur la terre.

Jacques MOLROGUIER.

www.ingramcontent.com/pod-product-compliance
Lightning Source LLC
LaVergne TN
LVHW020252230826
846091LV00006B/2374

* 9 7 8 2 0 1 1 7 5 8 7 8 1 *